ANIMALS
That Make a Difference!

Pigs
Les cochons

Ashley Lee

VANCOUVER, B.C.

e WWW.ENGAGEBOOKS.COM

Pigs: Level 1 Bilingual (English/French) (Anglais/Français)
Animals That Make a Difference!
Lee, Ashley 1995 –
Text © 2021 Engage Books
Edited by: A.R. Roumanis
and Lauren Dick
Translated by: Amanda Yasvinski
Proofread by: Josef Oberwinzer

Text set in Arial Regular.
Chapter headings set in Arial Black.

FIRST EDITION / FIRST PRINTING

LIBRARY AND ARCHIVES CANADA CATALOGUING IN PUBLICATION

Title: Animals That Make a Difference: Pigs Level 1 Bilingual (English / French) (Anglais / Français)
Names: Lee, Ashley, author.

ISBN 978-1-77476-416-9 (hardcover)
ISBN 978-1-77476-415-2 (softcover)

Subjects:
LCSH: Swine—Juvenile literature
LCSH: Human-animal relationships—Juvenile literature

Classification: LCC SF395.5 .L44 2020 | DDC J636.4—DC23

Contents
Table des matières

What Are Pigs?
Que sont les cochons ?

Pigs are animals with short
legs and curly tails.

Les cochons sont des animaux aux
pattes courtes et à la queue bouclée.

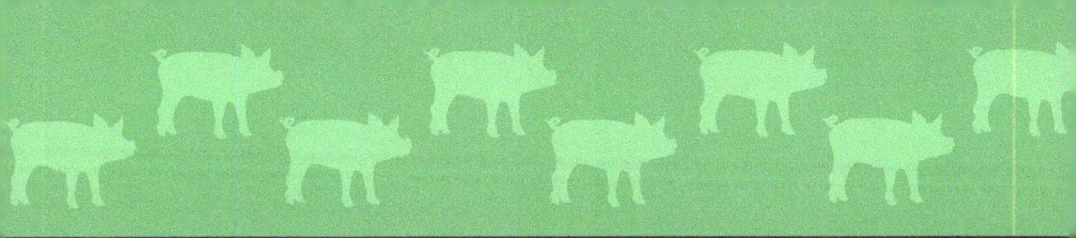

Pigs can be pink, black, or brown.
Les cochons peuvent être roses, noirs ou bruns.

What Do Pigs Look Like?
À quoi ressemblent les cochons ?

Most pigs weigh between 300 and 700 pounds (140 and 300 kilograms).
La plupart des cochons pèsent entre 300 et 700 livres (140 et 300 kilogrammes).

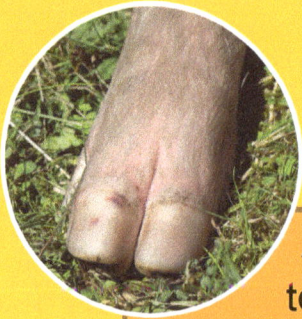

A pig's toes are covered by a hard nail.
Les orteils d'un cochon sont couverts par un ongle dur.

A pig's nose and upper lip is called a snout.
Le nez et la lèvre supérieure d'un cochon sont appelés un museau.

Wild pigs have long teeth called tusks.
Les cochons sauvages ont de longues dents appelées défenses.

Where Do Pigs Live?
Où vivent les cochons ?

Many pigs live on farms. Some pigs live in the wild.

De nombreux cochons vivent dans des fermes. Certains cochons vivent à l'état sauvage.

Kunekune pigs come from New Zealand. Tamworth pigs come from England. Mukota pigs are mainly found in Zimbabwe.

Les cochons Kunekune viennent de Nouvelle-Zélande. Les cochons Tamworth viennent d'Angleterre. Les cochons Mukota se trouvent principalement au Zimbabwe.

Atlantic Ocean
L'océan Arctique

England
L'Angleterre

Europe
L'Europe

Asia
L'Asie

New Zealand
La Nouvelle-Zélande

Africa
L'Afrique

Zimbabwe
Le Zimbabwe

Pacific Ocean
L'océan Pacifique

Atlantic Ocean
L'océan Atlantique

Australia
L'Australie

Southern Ocean
L'océan Austral

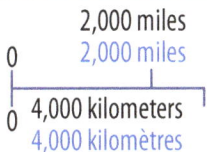

2,000 miles
2,000 miles
0

0
4,000 kilometers
4,000 kilomètres

N

Legend Légende
Land La Terre
Ocean L'Océan

9

What Do Pigs Eat?
Que mangent les cochons ?

Pigs on farms mostly eat corn or grass.
Les cochons des fermes mangent
principalement du maïs ou de l'herbe.

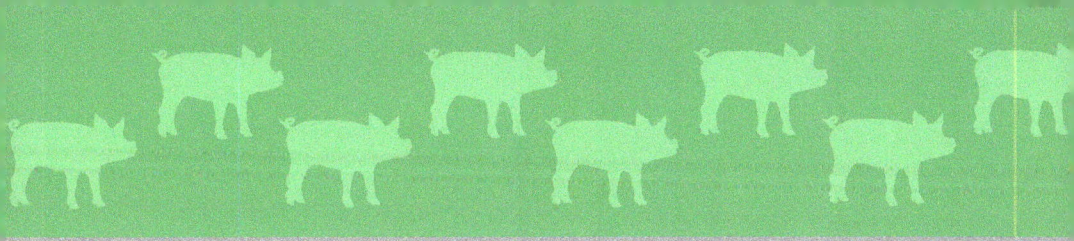

Wild pigs eat leaves, roots, and fruit.
Les cochons sauvages mangent des feuilles, des racines et des fruits.

How Do Pigs Talk to Each Other?
Comment les cochons se parlent entre eux ?

Pigs talk by grunting and moving their bodies. Pigs grunt over and over again when they want something.

Les cochons parlent en grognant et en bougeant leur corps. Les cochons grognent encore et encore quand ils veulent quelque chose.

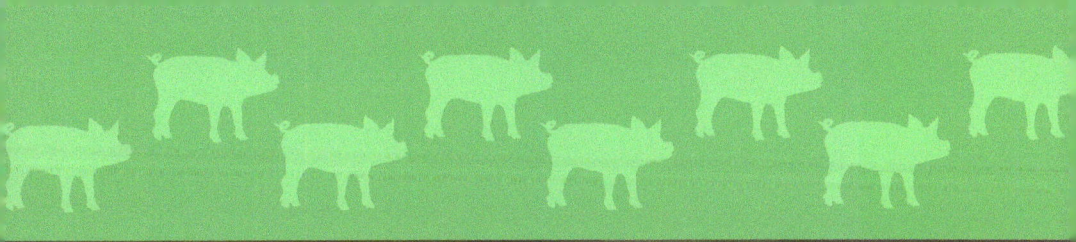

Happy pigs wag their tails.
Les cochons heureux remuent la queue.

Pigs roll in mud when they want to cool down. This can also mean they want to play.
Les porcs roulent dans la boue lorsqu'ils veulent se rafraîchir. Cela peut également signifier qu'ils veulent jouer.

Pig Life Cycle
Cycle de vie du cochon

Pigs have about 10 babies at one time.
Les cochons ont environ 10 bébés à la fois.

Baby pigs are called piglets.
Les bébés cochons sont appelés porcelets.

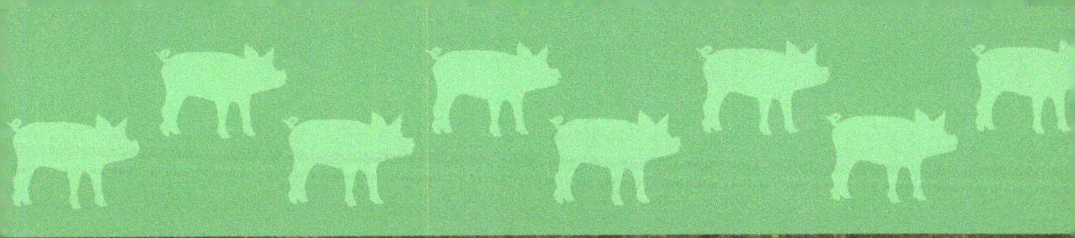

Pigs stop growing when they are between 2 and 3 years old.
Les cochons cessent de grandir lorsqu'ils ont entre 2 et 3 ans.

Pigs live for 10 to 15 years.
Les cochons vivent de 10 à 15 ans.

15

Curious Facts About Pigs

Some people train pigs to find wild mushrooms called truffles.

Certaines personnes entraînent des cochons à trouver des champignons sauvages appelés truffes.

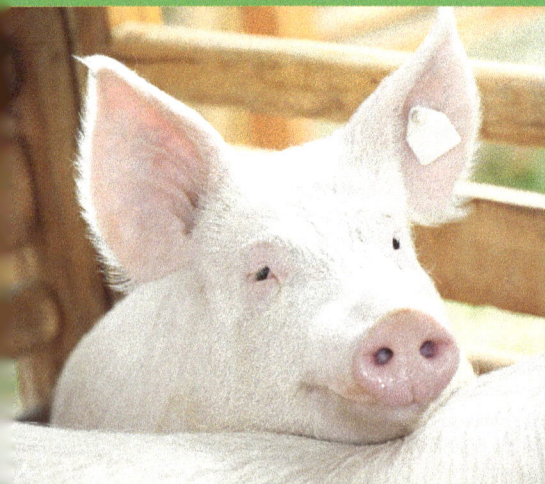

Pigs are one of the smartest animals kept by people.

Les cochons sont l'un des animaux les plus intelligents gardés par les humains.

Mother pigs sing to their babies.

Les mères cochons chantent à leurs bébés.

Faits curieux sur les cochons

Pigs like to sleep nose-to-nose with their friends.
Les cochons aiment dormir nez à nez avec leurs amis.

Pigs are playful animals. They rarely get into fights.
Les cochons sont des animaux joueurs. Ils se battent rarement.

Pigs have four toes but they only walk on two.
Les cochons ont quatre orteils mais ils ne marchent que sur deux.

17

Kinds of Pigs
Types de cochons

There are more than three hundred different kinds of pigs. About two billion pigs are kept by people. There are around seven million wild pigs.

Il existe plus de trois cents espèces de cochons différentes. Environ deux milliards de cochons sont élevés par des humains. Il y a environ sept millions de cochons sauvages.

Potbelly pigs have large stomachs.
Les cochons ventrus ont de gros estomacs.

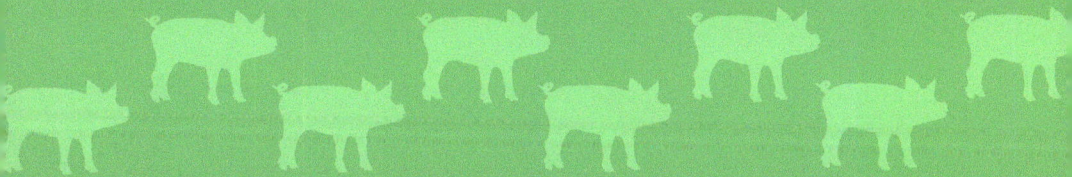

Mangalica pigs have thick, curly hair.
Les cochons Mangalica ont des cheveux épais et bouclés.

Red river hogs are red with a white stripe down their backs.
Les potamochères roux sont rouges avec une bande blanche sur le dos.

How Pigs Help Earth
Comment les cochons aident la Terre

Pigs dig up dirt with their noses.

Les cochons déterrent la saleté avec leur nez.

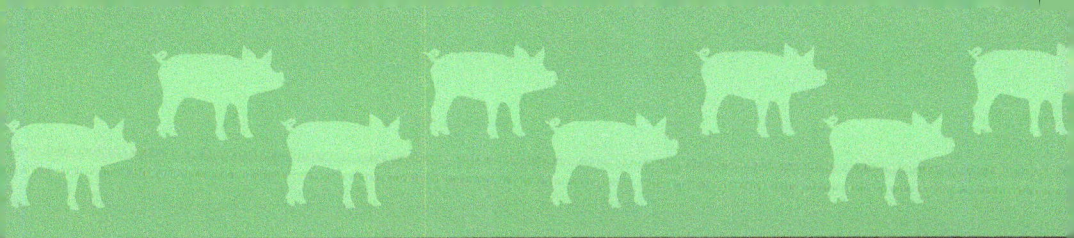

This helps new plants grow.
Cela aide les nouvelles plantes à pousser.

How Pigs Help Other Animals

Comment les cochons aident les autres animaux

Small bugs sometimes live on wild pigs. Bugs can be harmful to pigs if they bite or sting.

Des petits insectes vivent parfois sur les cochons sauvages. Les insectes peuvent être nocifs pour les cochons s'ils mordent ou piquent.

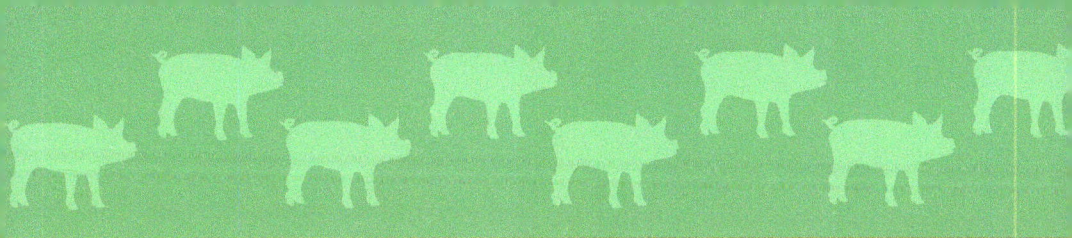

Birds called oxpeckers sit on the backs of wild pigs and eat the bugs. This helps the pigs and gives the birds lots of food to eat.

Des oiseaux appelés pique-boeufs s'assoient sur le dos des cochons sauvages et mangent les insectes. Cela aide les cochons et donne aux oiseaux beaucoup de nourriture à manger.

How Pigs Help Humans
Comment les cochons aident les humains

Pigs are an important part of many people's diets. Many people would have less food to eat without pigs.

Les cochons sont une partie importante de l'alimentation de nombreuses personnes. Beaucoup de gens auraient moins de nourriture à manger sans les cochons.

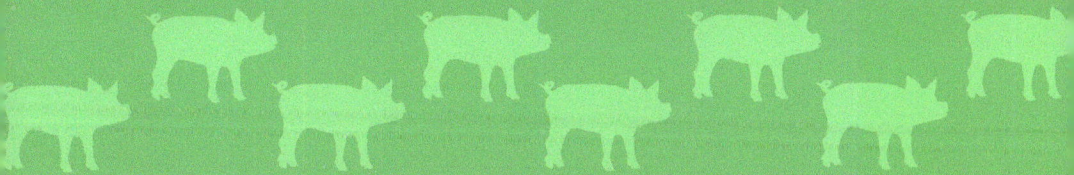

Some pigs have saved people's lives. They have been known to run for help if someone falls down, or warn their owners of a house fire.

Certains cochons ont sauvé des vies. Certains ont couru chercher de l'aide si quelqu'un tombe ou avertissent leurs propriétaires d'un incendie de maison.

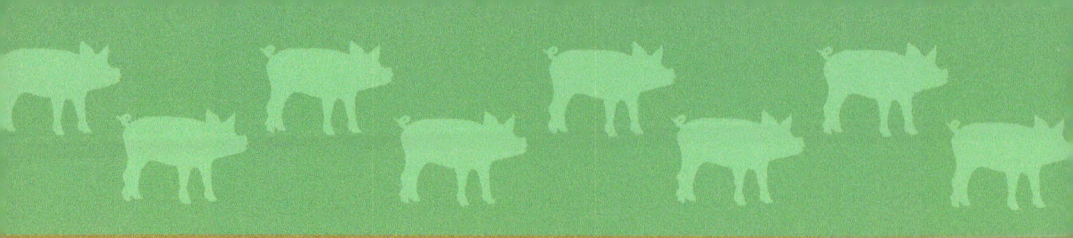

Pigs in Danger
Les cochons en danger

Some pigs are endangered. This means there are very few of them left.
Certains cochons sont en danger. Cela signifie qu'il en reste très peu.

Visayan warty pigs live in the Philippines. The forests where they live are being destroyed by people. There are only a few hundred of them left.

Les sangliers des Visayas vivent aux Philippines. Les forêts dans lesquelles ils vivent sont détruites par les gens. Il n'en reste plus que quelques centaines.

How To Help Pigs
Comment aider les cochons

Pig meat is called pork. Many pigs that are raised for meat are kept in small cages.

La viande de cochon s'appelle le porc. De nombreux cochons élevés pour la viande sont gardés dans de petites cages.

People are helping pigs by only buying pork products that are "free-range." This means the pigs were allowed outside.

Les gens aident les cochons en n'achetant que des produits à base de porc « fermiers ». Cela signifie que les porcs étaient autorisés à sortir dehors.

Quiz
Quiz

Test your knowledge of pigs by answering the following questions. The questions are based on what you have read in this book. The answers are listed on the bottom of the next page.

Testez vos connaissances sur les cochons en répondant aux questions suivantes. Les questions sont basées sur ce que vous avez lu dans ce livre. Les réponses sont listées au bas de la page suivante.

1 What do wild pigs eat?
Que mangent les cochons sauvages?

2 What do pigs do when they are happy?
Que font les cochons lorsqu'ils sont heureux?

3 How old are pigs when they stop growing?
Quel âge ont les cochons lorsqu'ils arrêtent de grandir?

4 How many toes do pigs have?
Combien d'orteils les cochons ont-ils?

5 How many pigs are kept by people?
Combien de cochons les humains gardent-ils?

6 How do pigs dig up dirt?
Comment les cochons déterrent-ils la saleté?

Explore other books in the Animals That Make a Difference series.

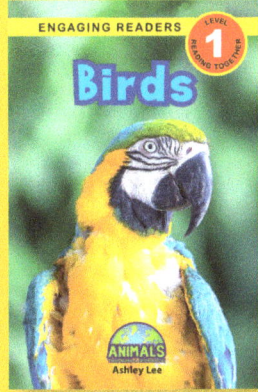

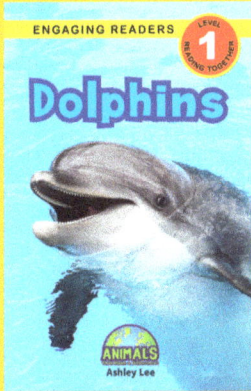

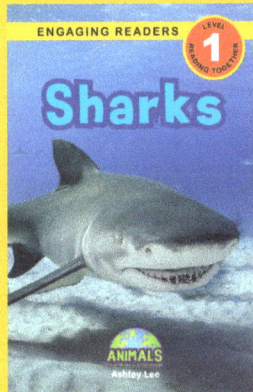

Visit www.engagebooks.com to explore more Engaging Readers.

Réponses:
1. Les feuilles, les racines et l'herbe 2. Remuer la queue
3. Entre 2 et 3 ans 4. Quatre 5. Environ 2 milliards 6. Avec leur nez

Answers:
1. Leaves, roots, and grass 2. Wag their tails 3. Between 2 and
3 years old 4. Four 5. About 2 billion 6. With their noses